Einleitung

Lieber Leser, vor Dir liegt ein Schriftstück, dessen Wurzeln schon 2500 Jahre alt sind. Es ist eigentlich nichts weiter als das TaoTeKing von LaoTse, übersetzt in heutige Sprache.
Als Grundlage diente mir die Übersetzung von Stephen Mitchell, aus dem Englischen dann ins Deutsche übersetzt von Peter Kobbe.
Dieses Buch ist erhältlich bei Arkana/ Goldmann, ISBN 3-442-21628-1, und ich habe es als Grundvorlage benutzt, um mich an die Vorgaben LaoTses zu halten, weil ich die Art der Übersetzung sehr sinnig finde.

Was ich nicht sinnig finde, ist das selbst in dieser zeitgemäßen Übersetzung noch Termina benutzt werden, die hier in diesen Breiten nicht verstanden werden, wie sie eigentlich verstanden werden sollten. So ist im Original von LaoTse nun mal eben die Rede vom Tao, unter dem sich hier aber kaum jemand was vorstellen kann. LaoTse sagt selbst, daß er es nur so nannte, weil es ihm an einem anderen Namen mangelte.

Nun, ich denke, etwas gefunden zu haben, mit dem man den Sinn in dem Buch deutlicher allen zugänglich machen kann. Das „Tao" in seiner Definition als nicht-personifizierte

„Übermacht" kommt nämlich in diesen Tagen dem „Universum" sehr nahe, bei dem wir langsam begreifen - Filme wie „What the Bleep do we Know?" oder „The Secret" helfen uns dabei - etwas übergeordnetes wahrzunehmen, das nicht einen langen weißen Bart hat und uns auch nichts böses will. Im Gegenteil – Bei diesem Universum kann man sich was wünschen, und es bringt es auch noch! Das ist mal ein Teamkollege! Mit dem kann man wesentlich leichter „Eins" werden als mit einem von der Kirche designten Gott, der zürnt und straft und die unmöglichsten Dinge von uns fordert und erwartet. Nun, ich denke das war eher die Kirche selbst, die sich da zum Gott aufgespielt hat, denn mit dem göttlichen Universum (so kann man den Wortstamm GOTT auch in diesem Werk gebrauchen) hat all das nichts zu tun. Das Universum steht im Kontext dieses Buches synonym mit „Gott", „Allah", „Jahwe", dem „Licht", dem „Leben", etc. Eben dem, was der geneigte Leser als die ALLES umfassende Einheit definieren möchte. NICHT gemeint ist das Materielle Universum, das wir in diesem Buch „Materiellen Kosmos" nennen.

Im vorliegenden Schriftstück habe ich quasi in Gemeinschaftsarbeit mit LaoTse und einigen Übersetzern eine neue Version des TaoTeKing, dem Buch des Weges in die Welt gesetzt. Es wird eine Printversion geben, doch das Manuskript wird im Internet zum kostenlosen Download angeboten. Copyrights interessieren mich nicht im Geringsten, ich hab diese Arbeit getan, um Menschen etwas mitzuteilen, und jeder Interessierte sollte Zugang zum Ergebnis haben.

Ich würde gern ein paar Worte noch genauer definieren, damit beim Lesen des Textes klar ist, wie er verstanden werden soll.

Im Text geht es um Menschen allgemein, freie Menschen, den Homo Sapiens, das allumfassende Universum, den materiellen Kosmos, das Surfen auf den Wellen der Dinge die da kommen und gehen, Freiheit, Dich und mich.

Geht es im Text um *Menschen*, sind alle gemeint; die Freien wie die Unfreien.
Freie nenne ich *Freie Menschen* und Unfreie *Homo Sapiens*.
Das kommt nicht von ungefähr, sondern hat eine bestimmte Bewandnis:
Der Homo Sapiens zeichnet sich bei genauer

Betrachtung durch den aufrechten Gang aus, zu dem er jedoch noch eine gebeugte innere Haltung pflegt.

Der Freie Mensch ist quasi der „geupgradete" Homo Sapiens, dem er durch eine aufrechte Haltung sichtbar und haushoch überlegen ist. Nun ist keiner als Homo Sapiens geboren, der nicht freier Mensch werden könnte, und dieses Buch dient der nötigen Weiterentwicklung, dem nächsten und letzten Schritt in der menschlichen Evolution.

Um bei den anderen Begriffen die Wortklauberei gleich von Anfang an ein wenig einzudämmen: LaoTse schreibt auch vom Universum, bedeutet damit aber das Materielle, und ordnet es dem Tao unter. Naja, zumindest landete das so in der Übersetzung die ich hatte ;)

Da das Wort *Universum* allerdings in meinem Fall ja schon belegt war als Synonym zum Tao, in der Übersetzung das Wort Kosmos jedoch nicht benutzt wurde, hab ich dieses benutzt, um damit den materiellen Teil des Universums zu bezeichnen. Das Universum beschreibt also ALLES Existierende und Nicht-Existierende, während der *Kosmos* im folgenden „nur" alles Materielle ist. Ich dachte ich sags lieber nochmal. Wichtig!

Das *Surfen auf den Wellen der Dinge die da kommen und gehen* ist der „Sport", den ich seit nunmmehr fast fünf Jahren betreibe. Im Eins-Sein mit Allem dient das eigene Bewußtsein über das So-Sein der Dinge, die Akzeptanz alles Existierenden und vor allem Nicht- (materiell, für alle wahrnehmbar) Existierenden, und daß es so ist wie es ist, als *Surfboard*, auf dem ich mich täglich bewege. LaoTses frei übersetztes „In der eigenen Mitte sammeln" habe ich aus gutem Grund durch dieses Surfen ersetzt. Surfen bedeutet quasi sich in der Mitte zu sammeln, sich aufs Wesentliche zu konzentrieren und darüber immer wieder den „Aufenthaltsort" der Inneren Ruhe in sich zu finden. „Ist das so..?!" ist eine gute Einstellung auf die gesunde Akzeptanz der Dinge, und sie so annehmen zu können wie sie sind. Die „Dinge" sind dabei alle wahrnehmbaren Instanzen; Gegenstände, Menschen, aber auch Einstellungen oder Meinungen anderer.

D i e *Freiheit* nenne ich das, was im mir vorliegenden Buch als „das höchste Gut" bezeichnet wird, denen Tugenden als Schlüssel gelten. Ich kann aber mit dem Wort Tugend nicht viel anfangen, weil kaum einer weiß was das überhaupt ist, und wie man denn überhaupt tugendhaft ist, weils nicht klar definiert ist. Dazu kommt, daß Tugend so hoch im Kurs steht, daß sie absolut mißbrauchbar und gegen andere einsetzbar ist, die dann Dinge tun weil sie sie tugendhaft finden, während die Tugend dabei letztlich „in Haft" ist, wie Vera F. Birkenbiehl es so treffend formuliert. Mit Tugend als Sprit im Tank haben Kreuzzüge, Inquisitionen, Kriege, Gerichtsverhandlungen oder Politik stattgefunden, bei denen allen nichts Gutes heraus kam.

Diese Stellen habe ich übersetzt mit „*Einsicht*", denn Einsicht bringt uns wirklich weiter, wenn wir das höchste Gut, die Freiheit verdienen und erklangen wollen.

Das Wort „*wirklich*" ist auch mit besonderer Aufmerksamkeit zu lesen, denn ich habs sehr bewusst eingesetzt: „Wirklich" sind die Dinge, die wir bemerken, die wir wahrnehmen können, weil sie Wirkung auf eine Ursache sind. WIRKLICH bezeichnet im folgenden also weniger „Echtes", sondern WIRK-sames. Wenn etwas wirklich ist, dann weil es eine Wirkung in sich birgt. Ich hab überlegt es gänzlich durch „wirksam" zu ersetzen, weils im Grunde das gleiche ist, aber dann hätte ich diesen Abschnitt hier nicht schrieben brauchen. Da „Wirklichkeit" in unserem Leben jedoch eine scheinbar so Große Rolle spielt, wollte ich es mir nicht entgehen lassen, hier nochmal explizit diese Gedanken zu einem Wort, das wir alltäglich sehr gedankenlos verwenden, in die Welt zu schicken.

Geht es im Text um *Dich* oder *mich*, so nimm das nicht so genau.
Eins sein!
Stell Dir immer vor, Du würdest gerade mit jemand anderem sprechen und ihm erzählen, wenn *Ich* da steht. Steht *Du* da, lies es als würde Dein bester Freund Dir einen Ratschlag geben. Wird vom *Universum* erzählt, versuche nicht, es Dir als was anderes vorzustellen als Dich selbst. Wenn erzählt wird, WIE das Universum ist, ist das, um Dich wissen zu lassen, wie *DU* sein solltest um eins mit ihm zu sein. (DU=Das Universum, ist was kitschig, und dennoch eine lustige wie Sinnige Abkürzung.)

Erhältlich bei Books on Demand (bod.de)
ISBN 9783738647600

Vorwort

Ich habe das vorliegende Werk nicht geschaffen, um zum Messias zu mutieren. Der Messias ist längst unter uns, doch es ist niemand, der entgegen der Annahme der Leute kommt und die Leute aus dem Dreck zieht, ohne daß sie selbst etwas dafür tun müssen. Ein solcher war nie da, und den wird es auch nie geben.

Der Messias, der Erlöser, ist keine Person, sondern einfach eine simple Erkenntnis:

Daß man einfach aufstehen und den Dreck verlassen kann. Leider ist der Homo Sapiens es so gewohnt, sich mit Dreck und Schlamm bewerfen zu lassen, daß er das Dreckloch tatsächlich für seinen Lebensraum hält. Freie Menschen unterscheiden sich von ihm genau durch diese Einsicht. Demnach trage ich sehr wohl den Messias in mir, und so mag es daher kommen, daß immer wieder Menschen mich so nennen, aber die haben einfach noch nicht erkannt, was die Botschaft des Messias ist:

„Steh auf! Lebe Dein Leben in Einklang mit allen und allem um Dich herum und lass Dich einfach nicht mehr mit Dreck bewerfen. Du musst nicht in der Schusslinie stehen! Auch wenn man Dir das Dein ganzes Leben lang vermittelt hat."

Das vorliegende Buch soll sich gemäß seiner eigenen Kraft selbst entfalten und verbreiten. Es birgt die höchste Weisheit, das Wissen um das All-Eins-Sein der Dinge, und die Anleitung zum Eins-Werden mit Allem.
Ich lebe seit Jahren nach den Richtlinien, die es darlegt, und habe durch diese langjährige Erfahrung nun die Möglichkeit gehabt, sie mit eigenen Worten wieder zu geben.

Jedes Wort, das es hier zu lesen gibt macht Sinn, und mein Vorteil gegenüber LaoTse ist: Ich lebe noch. Sollte irgendwas nicht verstanden werden, kann man mich einfach fragen und ich erkläre es bis es verstanden ist. Allerdings werde ich mich gemäß meiner Gewohnheiten aus Diskussionen heraushalten, in denen es darum geht OB das was ich schreibe Sinn macht oder nicht. Wer den Sinn nicht erkennt, mache sich bewußt, daß er hinter SEINEM Horizont liegt, daß er ihn aber ohne weiteres finden kann, wenn er bereit ist, seinen Horizont zu erweitern.

In diesem Universum ist NICHTS unmöglich!
Viel Spaß, und viele Erkenntnisse beim Lesen...

Bauchi

Das Buch
vom Universum

Herstellung und Verlag:
BoD - Books on Demand, Norderstedt
ISBN 978-3-7386-4760-0

_____1

Das Universum, das Du beschreiben kannst,
ist nicht das ewige Universum.
Der Name, mit dem wir es hier benennen,
ist nicht der ewige Name.

Das Unbenennbare ist das ewig Wirkliche.
Das Benennen der Einzeldinge ist ihr Ursprung.

Löst Du Dich aus dem Begehren
(der BeGIERde),
kannst das das Geheimnis leicht erkennen.
Im Begehren gefangen, siehst Du nur sein
äußeres Erscheinungsbild.

Doch das Geheimnis wie sein Erscheinungsbild
haben die gleiche Ursache.
Diese Ur-sache bezeichnet man als
„Unwissenheit":
Das Dunkel inmitten von Dunkelheit,
das Tor zu allem Verstehen...

Finden wir etwas schön,
werden andere Dinge hässlich.
Finden wir etwas gut,
werden andere Dinge schlecht.

Sein und Nicht-Sein erzeugen einander.
Schwierig und Leicht stützen einander.
Lang und Kurz bestimmen einander.
Hoch und Niedrig sind abhängig von einander.
Vorher und Nachher folgen einander.
Das ist das Prinzip der Dualität,
ein universelles Gesetz, das für
das Gleichgewicht des einen Ganzen sorgt.

Ein freier Mensch handelt,
ohne irgendwas zu tun.
Und lehrt ohne irgendwas sagen zu wollen.
Er lässt die Dinge kommen und gehen,
und surft auf den Wellen ohne Angst.

**Er hat, besitzt aber nicht,
handelt, erwartet aber keine Reaktion.
Ist sein Werk getan, widmet er sich wortlos
dem nächsten,
ebendarum wird es ewig währen.**

Verehren wir die Großen zu sehr,
werden die Menschen kraftlos.
Ist Besitz wichtig,
beginnen sie zu stehlen.
Hat man zu viele Wünsche,
verirrt sich das Herz.

Ein freier Mensch lenkt,
indem er den Geist der Menschen leert,
und ihr innerstes füllt,
indem er ihren Ehrgeiz schwächt
und ihre Entschlossenheit stärkt.

Er hilft den Menschen ihre Begehren und
Ihr Wissen los zu lassen.
Wer sich für wissend hält,
begegnet ihm mit großer Irritation.

Übe Dich im Nicht-Tun,
dem Surfen auf den Wellen der Dinge
die da kommen und gehen,
und alles fügt sich zum Guten.

Das Universum ist wie ein Brunnen:
genutzt aber unerschöpflich.
Es ist wie ewige Leere, angefüllt
mit unendlichen Möglichkeiten.

Es ist verborgen und dennoch immer da.
Keiner kann sagen wer es geschaffen hat.
Weil keiner es geschaffen hat.
Es ist in sich entstanden.
Aus sich selbst heraus.

Der freie Mensch erkennt sich selbst in ihm,
braucht keine Kenntnis über den Schöpfer,
erkennt die Natur der Dinge und LEBT.

Das Universum ergreift nicht Partei;
Sowohl das Gute als auch das Böse
sind Teil von ihm.
Ein Freier Mensch ergreift auch nicht Partei;
Er empfängt sowohl Heilige als auch Sünder
mit offenen Armen...

Das Universum ist wie ein Blasebalg:
Es ist Leer und doch unendlich wirksam.
Je mehr Du es anwendest,
desto mehr bewirkt es.
Je mehr du nur davon redest,
desto weniger begreifst du es.

**Surfe einfach auf den Wellen der Dinge
die kommen und gehen.
Sei eins mit allem.
Stelle Dich selbst gegen nichts.**

＿＿6

Das Universum ist wie die große Mutter:
Leer, doch unerschöpflich,
bringt es unzählige Welten hervor.

Es ist immer in Dir. Du immer in ihm.
Und Du kannst es ganz nach Belieben
verwenden.

＿＿7

Das Universum ist unendlich.
Warum ist es unendlich?
Es wurde nie geboren;
folglich kann es nicht sterben.
Es hat keine Eigeninteressen,
so steht es allen Lebewesen zur Verfügung.

Der freie Mensch bleibt zurück;
eben darum ist er den anderen voraus.
Er will Dinge nicht besitzen,
eben darum ist er eins mit ihnen.
Er kann sich vollkommen verwirklichen,
einfach weil er losgelassen hat.

Die Freiheit ist wie Wasser, das alle Dinge ohne
Anstrengung nährt.
Sie gibt sich mit niederen Rängen zufrieden
und ist so wie das Universum selbst.

Wohne dicht am Boden,
denke simpel,
sei immer fair und großzügig.
Kontrolliere nicht, sondern
mache was Dir Spaß macht.
Steh voll und ganz zur Verfügung.
Bist Du mit dir so zufrieden,
daß Du Dich mit anderen
nicht mehr messen musst,
wird Dich jeder achten.

Fülle Deinen Becher bis zum Rand
und er wird überlaufen.
Schärfst Du dauernd Dein Messer,
wird es stumpf.
Klammerst Du Dich an Geld und Sicherheiten,
wird Dein Herz nie frei schlagen können.
Ist Dir der Beifall der Leute wichtig,
bist Du ihr Gefangener.
Das ist der Weg der Abhängigkeit.

Verrichte Dein Werk und dann geh weiter.
Das ist der Weg unabhängiger Gelassenheit.

Kannst Du Deinen Geist
von seinem Umher-Wandern abhalten
und auf das ursprüngliche,
universelle Eins-Sein konzentrieren?
Kannst Du Deinen Körper
so weich und geschmeidig werden lassen,
daß er dem eines
neugeborenen Kindes gleicht?
Kannst Du Deine innere Sehkraft bereinigen,
bis Du nur noch das Licht
(die Liebe, das Leben, das Universum) siehst?
Kannst Du Menschen lieben und führen,
ohne ihnen dabei Deinen Willen aufzuzwingen?
Kannst Du die wichtigsten
Angelegenheiten bewältigen,
indem Du den Dingen
einfach ihren freien Lauf lässt?
Kannst Du Deinen eigenen Horizont erkennen,
und so alle Dinge begreifen?

**Erschaffen und nähern,
haben, ohne zu besitzen,
handeln ohne Erwartungen,
führen, ohne zu herrschen:
das sollte von größtem
eigenen Interesse sein.**

Wir bauen Räder,
doch es ist das Loch in der Mitte,
das die Bewegung des Wagens ermöglicht.

Wir formen einen Topf aus Ton,
doch es ist das Leere in ihm,
das wir nutzen indem wir es mit Wasser füllen.

Wir bauen Häuser,
doch nutzen können wir sie nur da,
wo keine Wände, kein Stein, kein Haus ist.

**Wir arbeiten mit Seiendem, Existierendem,
Verfügbarem,
doch ziehen den Nutzen
aus dem Nicht-Seienden.**

Farben machen das Auge blind,
und Töne die Ohren taub.
Gewürze stumpfen den Geschmackssinn ab,
Gedanken schwächen den Geist.
Begehren lassen das Herz verkümmern.

Ein freier Mensch beobachtet die Welt,
vertraut dabei aber seiner inneren Sehkraft.
Er lässt die Dinge kommen und gehen.
Sein Herz ist so offen wie der Himmel.

Das ist das Surfen auf den Wellen der Dinge,
die da kommen und gehen.
Wer sicher auf Seinem Brett steht,
braucht die Wellen nicht mehr zu beeinflussen,
sondern kann sie nehmen wie sie kommen.

Erfolg ist so gefährlich wie Misserfolg,
Hoffnung so hinderlich wie Angst.

Was heißt: Erfolg ist so
gefährlich wie Misserfolg?
Ob Du die Leiter nun
hinauf- oder hinabkletterst,
ein Fehltritt lässt Dich auf den Boden fallen.
Nur wenn Du mit beiden Beinen
auf dem Boden stehst,
wirst Du immer im Gleichgewicht sein.

Was heißt: Hoffnung ist
so hinderlich wie Angst?
Sowohl Hoffnung als auch Angst
sind Trugbilder,
die aus Deinem Selbst-Bild heraus entstehen,
und nur in Deinem Kopf existieren.
Machen wir uns also kein Bild von uns selbst
geben wir uns die Freiheit,
jeden Moment so zu sein
wie der Moment es erfordert
um weiter zu kommen;
wovor müssten wir dann Angst haben,
worauf sollten wir dann hoffen müssen?
Betrachte die Welt und
das gesamte Universum als Dein Selbst,
vertraue einzig darauf,

daß die Dinge so sind wie sie sind,
liebe das ganze Universum,
dessen Du ein Teil bist, als Dein Selbst;
dann kannst Du Dich um alle Dinge kümmern.

**Haben alle Menschen Spaß
an dem was sie tun,
werden sie nichts mehr als
Arbeit empfinden,
und nichts bleibt ungetan.**

_____14

Sieh hin, und es ist nicht zu sehen.
Hör hin, und es ist nicht zu hören.
Greif zu, und es ist nicht zu fassen.

Oben ist es nicht hell,
und unten nicht dunkel.
Ohne weiter Aufmerksamkeit zu erregen,
kehrt es ins Reich des Nichts zurück.
Das Universum ist eine Form,
die alle Formen in sich eint,
ein Bild ohne Bilder, subtil,
mit Worten nicht zu beschreiben.

Wenn Du Dich ihm näherst, wirst Du keinen
Anfang ausmachen können,
versuchst Du es zu verfolgen, wirst Du kein

Ende finden.
Du kannst es nicht kennen,
aber Du kannst es sein.
Lebe gelassen Dein Leben,
doch erkenne klar unser aller Ursprung:
Das ist die Essenz aller Weisheit;
zu wissen wer und was man ist.
Alles andere ist in ständigem Wandel.

_____15

Freie Menschen in der Vergangenheit waren
tiefgründig und scharfsinnig.
Ihre Weisheit war von so simpler Natur,
daß man sie mit Worten nicht erklären kann.
Doch man kann sie erfahren.
Beschreiben lässt sich lediglich
das Erscheinungsbild dieser freien Menschen.

Sie waren vorsichtig wie jemand, der einen
gerade zugefrorenen Bach überquert.
Wachsam wie eine Katze
die ihrer Beute auflauert.
Freundlich wie der beste Freund.
Wandlungsfähig wie schmelzendes Eis.
Formbar wie ein Holzblock.
Aufnahmefähig wie ein Tal.
Klar wie ein Glas Wasser.
Biegsam wie ein Weidenzweig.

Hast Du die Geduld zu warten,
bis der Schlamm in Dir sich setzt und du
klar wirst wie ein Glas Wasser?

**Kannst du still halten,
bis sich die richtige Handlung
von selbst ergibt?**

**Freie Menschen streben
nicht nach Erfüllung.
Ohne Streben und ohne Erwartungen
sind sie immer bereit und
freuen sich über alles,
was sie erleben dürfen.
So ist ihr Leben erfüllt
ohne dass es sie die geringste
Anstrengung gekostet hat.**

Höre auf, Deine Gedanken lenken zu wollen.
Und stimme Dein Herz auf Frieden ein.

**Schau Dir an, was um Dich herum passiert.
Und nimm Dich Selbst als
Teil des Ganzen wahr.
Wenn jemand sich von Dir entfernt,
denke mit liebevollen Gedanken an die
Rückkehr.**
Jedes einzelne Wesen im Universum
kehrt zu gemeinsamen Quelle zurück.
Zur Quelle zurückkehren
ist wie nach hause kommen;
ist heitere Gelassenheit.
Erkennst Du klar die Quelle, werden sich
Verwirrung und Leid in Luft auflösen.
Erkennst Du klar, woher Du kommst,
kannst Du ganz natürlich geduldig werden,
unvoreingenommen und mit viel
Spaß an der Sache.
Gutherzig wie eine Großmutter,
würdevoll wie ein König.
Eins mit dem Universum kannst Du
alles bewältigen was das Leben dir bringt.
Du surfst auf den Wellen der Dinge
die da kommen und gehen.
Und wenn der Tod kommt, bist Du bereit
und empfängst ihn wie alles andere:

**Eine Welle,
einen gleichwertigen Teil Deines ganzen
Lebens.**

____17

Wird es von einem freien Menschen regiert,
ist dem Volk kaum bewusst, dass es ihn gibt.
Der Zweitbeste ist ein Führer, der man liebt.
Der nächste einer, vor dem man Angst hat.
Der schlechteste ist einer, den man verachtet.

**Vertraust Du den Leuten nicht,
bist Du selbst es, der sie nicht
vertrauenswürdig macht.**

Ein freier Regent braucht nicht reden,
er kann handeln, und tut das auch.
Und wenn sein Werk getan ist,
sagt das Volk: „Unglaublich! Das haben wir
alles allein geschafft!"

____18

Wird die Universelle Einheit vergessen,
tauchen Rechtschaffenheit und Frömmigkeit
auf.
Schlauheit und Wissen ersetzen natürliches
Denken.
Kinder halten her für Ehekrisen.
Stürzt der Staat ins Chaos, erwacht der
Patriotismus.

____19

Vergiss Heiligkeit und Wissen,
und die Menschen werden deutlich spürbar
glücklicher sein.
Schaffe Moral und Gesetze ab,
und die Menschen werden aus sich heraus
das richtige tun.
Schaffe Ehrgeiz und Gewinnsucht ab,
und es wird keine Diebe mehr geben.

**Sollten diese drei Schritte nicht reichen,
besinn Dich einfach wieder auf Dich selbst,
und surfe auf den Wellen
der Dinge die kommen und gehen.**

Hör auf zu denken, und mach so
Deinen Problemen ein Ende.
Worin unterscheiden sich denn Ja und Nein?
Worin unterscheiden sich
Erfolg und Misserfolg?
Musst Du denn schätzen was andere schätzen,
meiden was andere meiden?
Das ist lächerlich!

Andere Menschen sind aufgeregt
als wären sie auf einer Parade,
doch ich -in mir selbst-
kann von allem unberührt bleiben,
nichts muss mich treffen.
In mir selbst kann ich ausdruckslos bleiben,
wie ein Kleinkind, das noch nicht lachen kann.

Andere Menschen haben,
was sie zu brauchen glauben;
ich besitze nichts.
Nichts, was mir jemand nehmen könnte.
Ich wandere absichtslos umher,
bestenfalls ziellos,
wie jemand, der kein Zuhause hat.
Mein Geist ist so leer wie der eines Narren.

Andere Menschen sind leuchtend hell,
auffällig wie Neonleuchten,

ich halte mich lieber da auf,
wo ich überschauen kann.
Andere Menschen sind scharf und gescheit,
ich bin lieber glücklich.
Andere Menschen verfolgen
bewusst einen Zweck,
ich weiß lieber von nichts,
und beobachte weiter.

**Ich treibe wie eine Woge auf dem Ozean,
ich wehe so ziellos wie der Wind.**

**Ich unterscheide mich vom Homo Sapiens
durch eine aufrechte innere Haltung.
Und trinke aus den Brüsten der großen
Mutter.**

Ein freier Mensch bleibt in seinem Bewusstsein
immer eins mit dem Universum.
Und genau das verleiht ihm seine Ausstrahlung.

Das Universum scheint unbegreifbar.
Wie kann ihr Bewusstsein
dann eins damit sein?
Weil sie nicht an Begriffen festhalten.

Das Universum scheint
dunkel und unergründlich.
Wie kann es ihnen Glanz verleihen?
Einfach weil sie es zulassen.

Das Universum bestand schon
bevor der Mensch Raum und Zeit erfand.
Es existiert jenseits von Sein und Nicht-Sein.

Woher ich weiß daß das zutrifft?

**Ich sehe in mich hinein
und sehe in die Welt
und sehe es.**

Willst Du ganz werden,
dann sei ruhig halb.
Willst Du gerade werden,
dann sei ruhig krumm.
Willst Du voll werden,
dann sei ruhig leer.
Willst Du wiedergeboren werden,
dann stirb gelassen.
Willst Du, daß dir alles gegeben wird,
dann gib alles was du geben kannst.

Freie Menschen,
die eins mit dem Universum sind,
gehen allen Wesen mit gutem Beispiel voran.
Weil sie keinen blenden
können alle ihr Licht sehen.
Weil sie nichts zu beweisen brauchen,
können alle Wesen
getrost ihren Worten vertrauen.
Weil sie nicht definieren wer sie sind,
können sich alle in ihnen wiedererkennen.
Weil sie kein Ziel im Sinn haben,
glückt alles was sie tun.

Als freie Menschen in der
Vergangenheit sagten:
„Willst Du daß Dir gegeben wird,
dann gib alles hin"

war das kein leeres Gerede.
Nur indem Du das Universum in Dir leben lässt,
kannst Du wirklich zu Dir selbst finden:

Was ist Wirklichkeit?
Die Natur der Wirkung.
Alles was wir wahrnehmen ist;
Wirkung auf eine Ursache.
Und jede Wirkung ist Auslöser
und somit Ursache
einer neuen Wirkung.
Das nennt man auch Kausalität.
Wirklichkeit ist also das
wahrgenommene schon Passierte.
Das Existente, Seiende, zur Verfügung
stehende.

**Verfolgst Du den kausalen Weg zurück,
gelangst Du am Ende an die Quelle.
Und erkennst in ihr die Wahrheit;
Dich selbst.**

Sag was Du zu sagen hast,
und tu was Du zu tun hast;
folge dabei Deinen inneren Impulsen,
und dann verhalte Dich ruhig,
warte ab was passiert.
Sei dabei wie die Naturkräfte:
Wenn es stürmt, ist das nur der Wind;
regnet es, ist das nur der Regen;
und nach dem Regen kommt Sonnenschein.

Öffnest Du Dich dem Universum,
so bist Du sofort eins mit ihm.
Du kannst es vollständig verkörpern,
weil Du mit ihm verbunden bist.
Öffnest Du Dich der Einsicht,
so bist Du sofort eins mit Ihr,
und kannst die vollständig anwenden.
Öffnest Du Dich dem Verlust,
so bist du eins mit ihm,
und kannst ihn vollständig hinnehmen.

Sich öffnen bedeutet:
Die Existenz der Dinge anzunehmen,
sie zu akzeptieren, und sich
für sie zu interessieren.
Der Rest kommt ganz von allein.

Öffne Dich dem Universum,
und vertraue auf Deine inneren Impulse;
so fügt sich eins ins andere,
wie Zahnrädchen in einem Schweizer Uhrwerk.

_____**24**

Wer auf Zehenspitzen steht,
steht nicht sicher.
Wer voraus eilt,
kommt nicht weit.
Wer versucht zu glänzen,
überstrahlt sein eigenes Licht.
Wer sich selbst definiert,
kann nicht erfahren,
wer er wirklich ist.
Wer Macht hat über andere,
kann sich selbst keine Macht verleihen.
Wer sich an sein Werk klammert,
wird nichts schaffen was von Dauer ist.
Wer sich selbst zu wichtig nimmt,
wird für andere unwichtig.

**Willst Du eins mit dem Universum sein,
dann mach einfach Dein Ding
und überlasse den Rest
dem Lauf aller Dinge.
So schließt sich der Kreis,
und für alles ist gesorgt.**

Bevor der materielle Kosmos
in seiner Form entstand,
existierte schon etwas
Vollkommenes und Formloses.
Gelassen ist es, und leer.
Einzig, und niemals nachzuvollziehen.
Grenzenlos und unerschöpflich.
Es ist die Mutter des materiellen Kosmos,
von spiritueller, geistiger Natur,
und in *Ermangelung eines besseren Namens*
nenne ich es:
Das Universum.

Es fließt durch alle Dinge,
ist in jedem von uns
und allem um uns herum,
innen und außen,
und kehrt zurück
zum Ursprung aller Dinge.
Es ist das Leben selbst, das
alles im Wandel hält,
und alles im Fluss.

Das Universum ist groß.
Der Kosmos ist groß.
Die Erde ist groß.
Der Mensch ist groß.
Dies sind (für uns Menschen von Bedeutung)
die vier großen Mächte.

Der Mensch folgt der Erde,
die Erde dem Kosmos,
und der Kosmos dem Universum.
Und das Universum folgt nur sich selbst,
und dennoch den Wünschen
aller Lebewesen.

Das Schwere ist die Wurzel des Leichten.
Jede Bewegung entsteht aus dem
Unbewegten.

So ist ein freier Mensch
den ganzen Tag unterwegs,
ohne aus dem Haus gehen zu müssen.
Ihn einzusperren könnte ihn
nicht daran hindern,
weiter zu wandern.
Egal was passiert,
er weilt gelassen in sich selbst.

Wozu sollte der Landesherr
wie ein Narr herumsausen?
Bist Du ein Hansdampf in allen Gassen,
verlierst Du den Bezug zu Deinem zuhause.
Schaust Du zu viel fern,
verlierst Du den Bezug zu
Deinen göttlichen Wurzeln.
Lässt Du Dich zu viel von
anderen beeinflussen,
verlierst Du den Bezug zu
Deinem Wesenskern,
Deinem Selbst.

Ein guter Reisender hat keine festen Pläne,
er sieht seine Reise wie einen Spaziergang,
und ist nicht drauf erpicht anzukommen,
sondern beschäftigt mit dem Unterwegs-Sein.

Ein guter Künstler lässt sich
von seiner Intuition leiten,
wohin immer sie will.
Ein guter Wissenschaftler
hat sich von Theorien befreit
und hält seinen Geist offen für das,
was wirklich ist.

Demnach sind freie Menschen
für alle Menschen da,
und weisen niemanden zurück.
Sie ziehen aus jeder Situation einen Nutzen
und verschwenden nichts.
Das nennt man das verkörpern des Lichts;
das Universum SEIN und es nach außen
für alle deutlich erkennbar zu machen.

Ist ein guter Mensch nichts weiter
als Lehrer für einen schlechten?
Ist ein schlechter Mensch nichts weiter
als Aufgabe für einen guten?
Wenn Strafe etwas bringen würde,
warum sind dann die Gefängnisse so voll?

Wenn Du dies nicht begreifst,
gerätst Du auf Irrwege, egal wie schlau Du bist.
Das ist das große Geheimnis.

_____**28**

Kenne das Männliche,
doch halte Dich ans Weibliche:
Umarme Die Welt
in tiefster Liebe und Vergebung.
Nimmst Du die Welt in Deine Arme,
wirst Du immer eins mit dem Universum sein,
und Du wirst leben wie ein kleines Kind;
so sorgenfrei.

Kenne das weiße, doch
halte Dich ans Schwarze:
Sei ein Vorbild für alle anderen,
und das Universum wird in Dir wirken,
und es wird nichts geben,
das Du nicht schaffen kannst.

Kenne das Persönliche,
Doch halte Dich ans allgemein Gültige:
Akzeptiere die Welt wie sie ist.
Akzeptierst Du die Welt,
wird das Universum leuchtend hell in Dir sein,
und Du kehrst zu Deinem wirklichen Ich zurück.

Akzeptiere die Welt wie sie ist bedeutet:
Akzeptiere es für den Moment.
So lange, bis Du ohne Anstrengung die Dinge
ändern kannst, die Dir nicht gefallen.
Sei einfach wachsam, lass Dich nicht beirren,
Deine Gelegenheit wird kommen.

Die Welt besteht aus leerem Raum,
wie Werkzeuge an einem Werkstück.
Der freie Mensch kennt das Werkzeug,
doch er hält sich an das Werkstück:
So kann er aus allem einen Nutzen ziehen,
und alles was passiert willkommen heißen.

Willst Du Die Welt verbessern?
Denk nochmal drüber nach.

Die Welt ist heilig.
Ein Teil des göttlichen Ganzen,
des Universums.
Man kann sie nicht verbessern.
Willst Du sie manipulieren,
wirst Du sie zugrunde richten.
Behandelst Du sie wie einen Gegenstand,
so wirst Du sie verlieren.
Begreifst Du diese Worte nicht,
schau Dich mal genau um.

Es gibt mancherlei Zeit -
eine dafür, von zu sein und
eine dafür, hinten zu sein.
Eine dafür, in Bewegung zu sein und
eine für die Ruhe.
Eine dafür, kraftvoll zu sein und
eine für Erschöpfung.
Eine für Sicherheit und
eine für Gefahr.
Es gibt für alles eine Zeit, und
sonst keine.

Freie Menschen sehen die Dinge
wie sie sind,
versuchen jedoch nicht,
irgendwas zu kontrollieren.
Sie lassen alles seinen Weg gehen
und surfen auf den Wellen
der Dinge die kommen und gehen.

Wer sich beim Leiten von Menschen
auf das Universum verlässt,
versucht nicht, Entscheidungen zu erzwingen,
oder Feinde mit Waffengewalt zu besiegen.

Für jede Kraft gibt es eine
ausgleichende Gegenkraft.
Gewalt, auch wenn in guter Absicht angewandt,
fällt immer auf den Gewalttäter selbst zurück.

Der Freie Mensch macht sein Ding,
und lässt es damit genug sein.
Er begreift daß das Universum sich
für immer jedweder Kontrolle entzieht
und daß der Versuch,
irgendwas oder
irgendwen zu beherrschen,
der Strömung des Universums entgegen läuft.
Weil er an sich selbst glaubt,
braucht er nichts anderes zu glauben,
und auch nicht zu zweifeln,
und er versucht auch nicht,
andere zu überzeugen.
Weil er mit sich selbst zufrieden ist,
braucht er nicht den Beifall anderer.
Weil er sich selbst akzeptiert,
akzeptiert in das ganze Universum.

Waffen sind die Werkzeuge der Gewalt,
und freie Menschen haben nicht nötig
sie zu verwenden.
Gewalt ist das Werkzeug der Angst;
freie Menschen meiden sie,
es sei denn sie befinden sich in
der größten Bedrängnis,
und auch dann nur so zurückhaltend wie
nur irgend möglich.
Frieden ist ihr höchster Wert.
Liegt der Frieden in Trümmern,
wie können die Betroffenen zu*frieden* sein?

Feinde sind keine Dämonen,
sondern Menschen wie wir alle selbst.
Ein freier Mensch wünscht niemandem
persönlichen Schaden, weil er in jedem
der ihm gegenüber steht
sich selbst erkennt.

Er freut sich nicht über einen
vermeintlichen Sieg.
Wie könnte er sich über einen Sieg freuen,
wenn der Kampf Leiden
und Opfer gekostet hat?
In eine Schlacht zieht er ernst;
voll Trauer und Mitgefühl,
als nähme er an einem Begräbnis Teil.

Das Universum kann man nicht
wie gewohnt wahrnehmen.
Kleiner als ein Elektron,
enthält es unzählige Galaxien.

**Könnten die Führenden
eins mit dem Universum sein,
wären alle Dinge im Einklang.
Die Welt wäre ein Paradies.
Alle Menschen würden in Frieden leben,
und dem Gesetz ihres Herzens folgen.**

Packst Du alles in Worte und Verpackungen,
dann sei dir bewusst darüber,
daß diese nicht ewig währen.
Hast Du mit Institutionen zu tun,
wisse, wo ihr Aufgabenbereich enden sollte.
Mit dem Wissen, wann man still halten muss,
kannst Du jeder Gefahr entgegengehen.

Alles endet im unendlichen Universum,
so wie Flüsse im Meer,
aus dem sie letztlich wieder
genährt werden.

Andere zu kennen ist Illusion,
sich selbst zu kennen Wahrheit und Weisheit.
Herr über andere zu sein bedeutet Stärke,
sich selbst zu beherrschen
bedeutet wahre Kraft.

**Brauchst Du nichts mehr,
so bist Du wahrhaft reich.**
Surfst Du gelassen auf den Wellen
der Dinge die kommen und gehen,
und nimmst Du den Tod selbst
mit ganzem Herzen an,
wirst Du ewig leben.

Das Universum ist immer und überall.
Alles entsteht in ihm,
doch es erschafft nichts.
Es ist eins mit seinem Werk,
ohne die geringste Bedingung.
Es nährt den gesamten Kosmos
doch hält nicht an ihm fest.

Da es mit allen Dingen verbunden ist,
und in allem zu finden ist,
kann man es bescheiden nennen.
Da es alles in sich birgt,
und so einzig bleibt
kann man es groß nennen.
Wahrhaft groß IST es jedoch,
weil es sich seiner Größe nicht bewusst ist.

Wer eins ist mit dem Universum,
kann gefahrlos gehen wohin er will.
Selbst mitten in großem Leid
ist man so eins mit allen Dingen.
Weil man den Frieden in seinem Herzen
gefunden hat.

Bei Musik und dem Geruch guter Speisen
verweilt man gern und lässt sich verwöhnen.
Will man das Universum erklären,
weiß man die simpelsten Worte zu schätzen.
Du kannst es sehen und
Du kannst es hören.
Du kannst es fühlen, riechen und schmecken.
**Und nichts anderes als das Universum
hast du jemals wahrnehmen können.**

Erkennst Du es, wende es an, und es
wird Dir zeigen wie unerschöpflich es ist.

Willst Du etwas schmaler machen,
muss es sich vorher genügend
ausgeweitet haben.
Willst Du etwas loswerden,
so lasse es vorher aufblühen.
Willst Du etwas nehmen,
so lasse zu, daß es Dir gegeben wird.
So nimmst Du die Dinge wahr,
wie sie wirklich sind.

Das Weiche überwindet das Harte.
Das Langsame überwindet das Schnelle.
Lass Dein Ding ein Geheimnis bleiben.
Zeig den Menschen bloß das Ergebnis.

Das Universum tut aus sich heraus nie etwas,
doch durch es
und in ihm wird alles getan.

Könnten die Führenden
ihre Mitte in ihm finden,
und eins mit ihm sein,
würde die ganze Welt wieder
ihrem natürlichen Rhythmus folgen,
und von selbst umgewandelt werden.
Die Menschen wären zufrieden,
mit ihrem schlichten
alltäglichen aber glücklichen und
erfüllten Leben.
In Eintracht und frei von Begierde.

Wenn es keine Begierde gibt,
sondern Wissen um den Umgang
mit dem Universum,
existiert alles und jedes
in Frieden.

Freie Menschen bemühen sich nicht um Macht,
deswegen wird ihnen Macht verliehen.
Ein Homo Sapiens
greift ständig nach der Macht,
deshalb bekommt er nie genug.

Ein freier Mensch tut nichts.
Und dennoch lässt er nichts ungetan.
Ein Homo Sapiens tut immer irgendwas,
und noch mehr bleibt zu tun übrig.

Der Menschenfreundliche tut etwas,
doch etwas bleibt ungetan.
Der Gerechte tut etwas und vieles
bleibt noch zu tun.
Der Moralist tut etwas,
und wenn niemand reagiert,
krempelt er die Arme hoch
und wendet Gewalt an.

Wenn das Bewusstsein um das Universum
in den Hintergrund rutscht,
herrscht Rechtschaffenheit.
Wenn die Rechtschaffenheit verloren geht,
herrscht Moral.
Geht die Moral verloren,
herrscht das Ritual.
Das Ritual ist nur noch bloße Hülle

wahren Glaubens und Wissens,
und der Anfang des Wirrwarrs.

Daher beschäftigt sich ein freier Mensch
mit der Tiefe und nicht
mit der Oberfläche,
mit der Frucht, und nicht mit der Blüte.
Er braucht keinen Eigenwillen.
Er wohnt in der Wirklichkeit
und lässt alle Illusionen los.

Alles was Du in Deinem Leben erlebt hast,
lebt jetzt in Dir weiter, und NUR in Dir.
**Alles davon waren die Wellen
auf denen Du surfst - oder die Dich weg
spülen.**

Fühlst Du Dich jetzt allein
auf den Wellen Deines Ozeans,
so surfe doch einfach unten entlang.
Es ist ein Sinnbild, Du kannst nicht ersticken.
Doch so bist Du mit der Oberfläche verbunden
und mit Deinem Bewusstsein in der Tiefe.
Und eins mit allem.

**Was bedeutet: Eins sein mit allem?
Stelle Dich nicht gegen das Universum,
sondern tauche tief in es ein.**

Im Einklang mit dem Universum
ist der Himmel klar und weit,
Dein Horizont ist groß,
ist die Erde fest und voll,
Du kannst sicher stehen.
Im Einklang mit dem Universum
gedeihen alle Geschöpfe zugleich,
zufrieden mit sich selbst
und wie sie leben,
in endloser Selbstwiederholung,
endlos erneuert.

Stört der Mensch das Universum,
verkommt der Himmel,
trübt sich der klare Blick,
verödet die Erde,
zerfällt das Gleichgewicht,
sterben alle Geschöpfe aus
die mit den Menschen in Berührung kommen,
Freie Menschen betrachten
die Teile voll von Mitgefühl,
weil sie das Ganze be-greifen können.
Ständig üben sie sich in Bescheidenheit.
Sie sind nicht geschmückt wie Festbäume,
sondern lassen sich vom Universum
schmücken,
so derb und alltäglich wie ein Stein.
Einfach und glücklich.

____40

Rückkehr ist die Bewegung des Universums.
Nachgeben ist sein Weg.

**Alle Dinge sind in der Materiellen Welt
geboren,
doch die Materielle Welt ist aus dem
Universum geboren.**

____41

Hört ein kluger Mensch vom Universum,
fängt er sofort an danach zu leben.
Ein durchschnittlicher glaubt halb,
und zweifelt die andere Hälfte.
Hört ein Dummkopf vom Universum,
lacht er laut heraus.
Würde er nicht lachen,
wäre es nicht das Universum.

So sagt man:
Der Weg ins Licht scheint dunkel zu sein,
der Weg nach vorn scheint zurückzuführen,
der kürzeste Weg sieht nach dem längsten aus,
Kraft scheint schwach zu sein,
wahre Reinheit scheint befleckt,
Standhaftigkeit scheint wankelmütig,
die größte Kunst scheint ungekünstelt,
die größte Liebe scheint gleichgültig und
die größte Weisheit von
kindischer Einfachheit zu sein.

Suchst Du es irgendwo,
ist das Universum nicht zu finden.
**Doch es nährt und vollendet alle Dinge,
so muss es vor Deiner Nase sein.
Tatsächlich hast Du nie etwas anderes
wahrgenommen.**

Das Universum bringt die Eins hervor,
die Eins bringt die Zwei hervor,
die Zwei bringt die Drei hervor,
die Drei bringt alle Dinge hervor.

Alle Dinge haben im Rücken das Weibliche,
und vor sich das Männliche.
Wenn Weibliches
und Männliches sich verbinden,
entsteht allumfassender Einklang.

Der Homo Sapiens hasst die Einsamkeit.
Freie Menschen machen sie sich zunutze:
**Sie verinnerlichen ihr
Alleinsein und erkennen,
daß sie eins sind
mit dem ganzen Universum.**

Das Sanfteste auf der Welt
überwindet das Härteste auf der Welt.
Was keine Substanz hat,
dringt ein, wo kein Zwischenraum ist,
wie Wasserdampf in Beton.
Daran erkennt man den wahren Wert
des Nicht-Handelns.

Lehren ohne Worte,
Vollbringen, ohne zu handeln,
ohne „dem Universum"
ins Handwerk zu pfuschen:
so leben freie Menschen.

Ruhm oder daß Du zu Dir stehen kannst:
Was ist Dir wichtiger?
Geld oder Glücklich sein: Was ist wertvoller?
Erfolg oder Misserfolg: was ist schädlicher?

Erhoffst Du Erfüllung von anderen,
wirst Du nie wahre Erfüllung erlangen.
Wartest Du auf jemanden,
der Dich aus dem Dreck zieht
ohne daß Du dabei
wenigstens Interesse zeigst,
wirst Du im Dreck sterben.
Hängt Dein Glücklichsein vom Geld ab,
ist Dein Glück unbezahlbar,
und Du wirst nie wirklich glücklich sein.

Sei zufrieden mit dem was Du hast;
freue Dich daß alles so ist wie es ist.
Siehst Du ein, daß Dir nichts fehlt,
und forderst Du nichts,
und gibst einfach was Du geben kannst,
gehört Dir die ganze Welt.

____45

Wahre Vollkommenheit scheint unvollkommen,
doch ist sie vollkommen sie selbst.
Wahre Fülle scheint leer zu sein,
doch sie ist in vollem Maß präsent.

Wahre Geradigkeit scheint krumm zu sein,
wahre Weisheit scheint töricht.
Wahre Kunst scheint kunstlos zu sein.

Ein freier Mensch lässt die Dinge
ruhig geschehen.
Er formt die Ereignisse
während sie auftreten.
Er weicht aus, und
lässt das Universum selbst sprechen.

Lebt ein Land im Einklang mit dem Universum,
so bauen seine Fabriken
Lastwagen und Traktoren.
**Lebt es im ständigen Gegeneinander,
boomt die Waffenindustrie.**

Es gibt keine größere Illusion als die Angst,
keinen größeren Fehler als aufzurüsten,
und kein größeres Missgeschick,
als einen Feind zu haben.

**Wer jedwede Angst durchschauen kann,
wird immer in Sicherheit sein.**

Du brauchst nicht vor die Tür zu gehen,
um der Welt Dein Herz zu öffnen.
Um das Universum zu sehen,
brauchst Du nicht einmal
aus dem Fenster zu gucken.
Du bist mittendrin.

Je mehr du Dinge zu wissen glaubst,
die Du nur vom Hören-Sagen kennst,
desto weniger begreifst Du.
Und erkennst vor lauter Bäumen
den Wald nicht mehr.

Ein freier Mensch kommt an,
ohne vorher abgereist zu sein.
Er sieht das Licht mit
verschlossenen Augen,
macht sein Ding
ohne die geringste Anstrengung.

**Jede Anstrengung bedeutet
einen Eingriff in den Lauf der Dinge;
dem Universum ins Handwerk pfuschen.**

Beim Streben nach „Allgemeinwissen"
wird täglich etwas abverlangt.
Beim Eins-werden mit dem Universum
bekommst Du täglich was geschenkt.
Immer weniger mußt Du
Dir die Dinge erzwingen,
bis Du schließlich beim
Absichts-losen Handeln anlangst.
Absichten sind die Samen der Anstrengung.
Wenn nichts beabsichtigt wird,
wird alles passieren.
Es passiert einfach,
und alles ist gut.

Freie Menschen meistern das Leben,
indem sie den Dingen ihren Lauf lassen,
und sie bei gar nichts stören.
Sie Stehen auf ihrem Surfbrett,
ihrem Bewusst-Sein,
und surfen auf den Wellen der Dinge
die da kommen und gehen.

Ein freier Mensch ist nicht gefangen in
eigenem Denken und empfinden.
Er ist eins mit dem Denken und Empfinden
seiner Mitmenschen.

Er ist gut zu Menschen, die gut sind und
er ist gut zu Menschen die nicht gut sind.
Das ist wirkliche Güte.

Er kann den Menschen vertrauen,
die vertrauenswürdig sind,
und auch denen,
die nicht vertrauenswürdig sind.
Weil er ihnen gar nicht vertrauen braucht.
Sie können nichts tun,
um ihn zu enttäuschen.

Das Denken und Empfinden eines
freien Menschen
gleicht dem Raum.
Seine Mitmenschen verstehen ihn nicht.
Sie blicken zu ihm und warten,
und manchmal
bespucken sie ihn.
Er behandelt sie alle
wie seine eigenen Kinder.

Ein freier Mensch
widmet sich dem,
Was der Augenblick gerade bringt.
Er weiß, daß er sterben wird,
seinen „Abschied" hat er schon gefeiert.
Und so gibt es nichts mehr,
an dem er noch festhalten würde:
keine Illusion in seinem Geist,
keine Widerstände in seinem Körper.
Er denkt über seine Handlungen nicht nach;
sie kommen einfach aus ihm heraus,
und er lässt es Absichts-los passieren.
Ihn hält nichts zurück vom Leben,
daher ist er zum sterben bereit,
wie ein Mann zum schlafen bereit ist
nach tüchtigem Tagewerk.

Jedes Wesen im materiellen Kosmos
ist ein Ausdruck des Universums.
Es entsteht plötzlich, makellos, frei,
nimmt physische Gestalt an,
ist eins mit den Umständen.
Allein deswegen ist schon naturgemäß
jedes Lebewesen dankbar
und ehrt das Universum.
Man spricht dabei auch von
Selbsterhaltungstrieb.
Es ist der unendliche Durst
nach Leben.

Das Universum bringt alle Wesen hervor,
es nährt sie, erhält sie,
sorgt für sie, erfrischt sie, beschützt sie,
nimmt sie wieder zu sich.

Es erschafft, ohne dabei
etwas besitzen zu müssen,
handelt, ohne eine Gegenleistung
in Aussicht zu haben,
lenkt, ohne ein eigenes
Interesse zu verfolgen.

Weil es keine eigenen Interessen hat,
braucht es nicht einzugreifen.
Und surft auf den Wellen der Dinge
die in ihm und durch es
kommen und gehen.

**Eben darum liegt die
Liebe zum Universum
in der Natur der Dinge.**

Am Anfang war das Universum.
Alles entspringt ihm,
alles kehrt zu ihm zurück.

Willst Du den Ursprung finden,
dann verfolge die Spuren dessen,
was Du wahrnehmen kannst.
Wenn Du die „Kinder" erkennst,
und die „Mutter" findest,
wirst Du verstehen, und
„Leiden" wird für Dich
ein Fremdwort sein.

Verstopfst Du Deinen Geist mit Urteilen
und treibst Du Handel mit Begierden,
wirst Du keine innere Ruhe finden.
Innere Ruhe findest Du,
indem Du Deinen Geist frei hältst
von Urteilen und dummen Gedanken,
und Dich nicht allein von Deinen
physischen Sinnen leiten lässt.
Nichts ist so wie es scheint,
und es gibt viele Wände, gegen
die man laufen kann
wenn man sie nicht erkennt.
**Sei immer wachsam,
und beobachte einfach.**

Licht ins Dunkel zu bringen
bedeutet Wissen.
Nachgeben bedeutet Stärke.
Vertraue auf Dich selbst,
und bring wieder Licht ins Dunkel.
So wirst Du eins
mit dem Universum.

**Glaube nicht
und zweifle nicht.
Glauben und Zweifeln bedingen sich
gegenseitig.
Und führen zu nichts,
was in Deinem Interesse wäre.
Beobachte, erlebe am eigenen Körper,
und wisse.**

Der göttliche Weg ist
breit und hell,
und leicht zu gehen,
doch der Homo Sapiens bevorzugt,
in gebückter Haltung und
von Angst gepeinigt,
die dunklen Seitenpfade.

**Erkenne es, wenn die Dinge aus
dem Gleichgewicht sind,
und konzentriere Dich wieder auf
Dein Surfbrett.**

Wenn reiche Spekulanten Erfolg haben,
verlieren die Arbeiter ihre Arbeit;
gibt die Regierung Geld aus
für Waffen und Rüstung
statt für Hilfsprogramme;
wenn die Führenden verschwenderisch und
verantwortungslos sind,
während die Armen immer ärmer werden,
dann ist das nichts weiter als
Raub, Erpressung und Chaos.
All dies stimmt nicht mit natürlichem Verhalten
überein.
Natürliches Verhalten ist Eins-Sein mit dem
Universum.

Wer eins ist mit dem Universum,
kann nur sehr schwer entwurzelt werden.
Wer sich am Universum festhält
wird nicht ausrutschen oder fallen.
Seinen Namen wird man
über Generationen
in Ehren halten.

Lass das Universum in Deinem Leben walten,
und Du wirst wahre Kraft haben.
Lass es in Deiner Familie walten,
und Deine Familie wird blühen.
Lass es in Deinem Land walten,
und Dein Land wird Vorbild werden
für alle Länder der Welt.
Lass es im ganzen Kosmos walten,
und das ganze Universum
wird in Harmonie sein.

**Woher weiß ich, daß das zutrifft?
Ich sehe in mich hinein, und
ich sehe in die Welt hinaus, und
ich sehe es.
Klar und deutlich.**

Wer mit dem Universum in Einklang lebt,
gleicht einem neugeborenen Kind.
Dessen Knochen sind weich,
seine Muskeln schwach,
aber sein Griff ist kraftvoll.

Ein kleiner Junge weiß noch nichts über Sex,
aber sein Glied kann schon steif werden,
so stark ist seine Lebenskraft.
Er kann den ganzen Tag
aus voller Brust schreien,
doch er wird nicht heiser,
so sehr ist er im Einklang.

Ein freier Mensch verfügt über
eben diese Kraft.
Mühelos, absichtslos und ohne Begierde
lässt er alle Dinge kommen und gehen.
Er erwartet nie Ergebnisse;
deshalb ist er nie enttäuscht.
Er ist nie enttäuscht,
deshalb altert sein inneres Feuer nicht.

Die Wissenden reden nicht.
Die Redenden wissen nicht.

**Wer was zu sagen hat, tut das
und überlässt das Wort dem nächsten.**

Schließe Deinen Mund,
versperr Deine Sinne,
mach Deine Schärfe stumpf.
Löse Deinen Knoten,
mildere Deinen Glanz,
lass Deinen Staub sich legen:
So findest Du Dein Innerstes Selbst.

Sei wie das Universum.
Man kann sich ihm weder nähern
noch schon von ihm zurückziehen,
ihm weder schaden noch nutzen,
es weder ehren noch beleidigen.
Es verfolgt keine eigenen Interessen,
deswegen geht das nicht.
Es gibt sich einfach unablässig hin,
und deswegen bleibt es bestehen.

Da Du mit mit dem Universum Eins sein kannst,
also „das gleiche wie das Universum sein"
hast Du genau die gleichen Fähigkeiten.
Deswegen: Lebe wie das Universum selbst,

so wirst Du eins mit ihm.
Und wirst ewig bestehen.

____57

Willst Du ein guter Führender werden,
lerne, dem Universum zu folgen.
Unterlasse jeden versuch,
Kontrolle auszuüben.
Lass festgelegte Pläne und Konzepte los,
und die Welt wird sich selbst regieren.

Du bist König, brauchst nichts weiter zu tun,
und alle sind glücklich.

**Je mehr Verbote es gibt,
desto weniger bleibt den Menschen um
friedlich zu leben,**
Je mehr Waffen es gibt,
desto gefährlicher leben alle.
Je mehr Hilfsgelder es gibt,
desto geringer ist das Selbstvertrauen
der Menschen.

Ein freier Führender würde sagen:
Ich lasse das Recht los,
und die Leute werden redlich.
Ich lasse die Wirtschaft los,
und die Leute werden wohlhabend.

Ich lasse ab von der Religion,
und die Leute werden heiter und ruhig.

**Ich lasse das Verlangen
nach dem Allgemeinwohl los,
und das Wohl verbreitet sich
so allgemein wie das Gras.**

Wird das Volk duldsam regiert,
dann fühlt es sich wohl und ist offenherzig.
Wird das Volk mit Unterdrückung regiert,
ist es bedrückt und verschlossen.

Wenn das Streben nach Macht
über andere die Leitung hat:
Je höher die Ideale,
desto geringer die Ergebnisse.
Versuche, die Menschen glücklich zu machen,
und Du legst das Fundament für das Elend.
Versuche, die Menschen moralisch zu machen,
und Du legst das Fundament für das Laster.

Deswegen begnügen sich
freie Menschen damit,
als Vorbilder zu dienen,
ohne ihren Willen irgendwem aufzuzwingen,
weil sie gar keinen eigenen Willen haben.
Sie sind unmissverständlich,
ohne zu verletzen,
sind freimütig, ohne zu drängen,
und strahlend ohne zu blenden.

Für die Führung eines Volkes
gibt es nicht Besseres als eigene Mäßigung.

Die Maßvollen kennzeichnet,
daß sie frei sind von eigenen Ideen.
Duldsam wie der Himmel,
alles durchdringend wie Sonnenlicht,
fest wie ein Berg,
biegsam wie eine Weide im Wind,
haben sie keinen Endzweck im Auge,
und machen sich zunutze
was gerade zur Verfügung steht.

Nichts ist für sie undurchführbar.
Weil sie losgelassen haben,
können sie für das Wohl des Volkes sorgen,
wie eine Mutter für ihr Kind sorgt.

Einen großen Staat regiert man
wie man kleine Fische brät:
Stochert man zu viel drin herum,
ruiniert man sie.

Lenkt man das Land im Einklang
mit dem Universum,
wird das Böse keine Macht haben.
Nicht, daß es nicht da wäre,
aber man kann ihm aus dem Weg gehen.

Reize das Böse nicht,
und es wird selbst verschwinden.
Mache es nicht wichtig,
und es bleibt nichtig.

Erlangt ein Land große Macht,
ist es wie das Meer:
Alle Flüsse fließen stromabwärts hinein.
Je mächtiger es wird, desto dringender
ist Bescheidenheit geboten.
Bescheidenheit bedeutet dem
Universum zu vertrauen,
und sich deshalb nie verteidigen zu müssen.

Ein großer Staat gleicht
einem großen Menschen:
Wenn er einen Fehler begeht, erkennt er ihn.
Nachdem er ihn erkannt hat, gibt er ihn zu.
Nachdem er ihn zugegeben hat,
berichtigt er ihn.
Er betrachtet diejenigen,
die seine Fehler aufzeigen,
als seine wohlwollenden Lehrer.
Seine Gegner sieht er als einen Schatten
den er selbst wirft.
So sollte es sein!
Wenn ein Staat mit dem
Universum im Einklang lebt,
wenn er sein eigenes Volk ernährt und
sich nicht in die Angelegenheiten
anderer einmischt,
wird er ein Licht und Vorbild sein
für alle Staaten der Welt.

Das Universum ist der Mittelpunkt
des materiellen Kosmos,
der Schatz des freien Menschen,
die Zuflucht Homo Sapiens.

Ansehen kann man mit
schönen Worten kaufen,
Achtung durch gute Taten gewinnen.
Aber das Universum übersteigt jeden Wert,
und man kann es nicht erlangen.

Deshalb:
Wenn ein Führer gewählt wurde,
dann zahle ihm keine Steuern und
biete ihm nicht Deine Dienste als
Handwerker an.
Was er braucht ist Kenntnis
über das Universum,
also unterrichte ihn darin.

Warum schätzen freie Menschen
das Universum so sehr?
Weil man, eins mit ihm,
findet was man sucht;
und man vergeben bekommt,
wenn man mal einen Fehler gemacht hat.
Darum liebt es jeder von ihnen.

Handle ohne Tun,
sei tätig ohne Anstrengung.
Erkenne das Große in den kleinen Dingen und
warum weniger manchmal mehr ist.
Stelle Dich dem schwierigen,
solange es noch leicht ist;
vollbringe Dein großes Werk,
Dein Ding,
indem Du einen Schritt
vor den anderen setzt.

Freie Menschen greifen nie nach dem Großen;
Folglich erlangen sie Größe.
Stoßen sie auf ein Hindernis,
machen sie halt und widmen sich ihm
oder umgehen es, je nach Lage
und den sich bietenden Möglichkeiten.
Sie hängen nicht am eigenen Wohlergehen,
folglich sind Probleme für sie kein Problem.

Tief Verwurzeltes ist leicht zu nähren.
Gerade Begonnenes ist leicht zu verbessern.
Sprödes ist leicht zu brechen,
Feines leicht zu zerstreuen.

Vermeide Ärger, bevor er entsteht.
Bringe Dinge in Ordnung, bevor sie
Schaden anrichten.
Die riesige Kiefer erwächst
aus einem winzigen Spross.
Eine Reise von tausend Meilen beginnt
mit dem ersten Schritt, gleich vor Dir.

Stürzt Du Dich ins Handeln, scheiterst Du.
Reißt Du die Dinge an Dich, verlierst Du sie.
Erzwinge den Abschluss eines Projekts, und
kurz vor Ende machst Du zunichte,
was fast schon vollendet war.

Deshalb handeln freie Menschen,
indem sie den Dingen ihren Lauf lassen.
Sie bleiben am Ende so ruhig wie am Anfang.

Sie haben eben nichts,
was sie verlieren könnten.
Ihr Begehren gilt dem Nichtbegehren,
und sie lernen zu verlernen.
Sie erinnern die Menschen einfach daran,
was sie immer schon waren.
Ihr Interesse gilt nichts Weiterem
als dem Universum,
und somit allem was existiert und nicht existiert.
So können sie für alles sorgen.

Freie Menschen in der Vergangenheit
versuchten nicht, das Volk zu bilden,
sondern brachten ihm großmütig bei,
wie man wahres Wissen erlangt.
Propaganda zu glauben ist Nichtwissen.

Glauben die Menschen
alle Lösungen zu kennen,
sind sie schwer zu lenken.
Können sie sich allerdings in vollem Maße
auf ihre eigenen Erfahrungen verlassen,
können sie ihren eigenen Weg finden.

Willst Du lenken lernen,
dann vermeide es,
schlau zu sein, oder reich.
Das einfachste Vorbild ist das deutlichste.
Zufrieden mit einem gewöhnlichen Leben,
kannst Du allen Menschen den Weg zeigen,
der zu ihrem eigenen wahren Wesen zurück
führt.

Alle Ströme fließen zum Meer,
weil es tiefer liegt als sie.
Die Niedrigkeit verleiht
dem Meer seine Macht.

Willst Du das Volk regieren,
dann solltest Du Dich unter es stellen,
willst Du es führen,
lerne, ihm zu folgen.

Freie Menschen stehen über dem Volk,
und niemand fühlt sich unterdrückt.
Sie gehen dem Volk voran,
und niemand fühlt sich manipuliert.
Die ganze Welt ist ihnen dankbar.
Da sie mit niemandem in Wettstreit treten,
kann niemand mit ihnen wettstreiten.
Weil sie nicht kämpfen,
sind sie unbesiegbar.

Manche sagen, diese Lehren hier seien Unsinn.
Andere nennen sie: tolle Idee,
aber nicht umsetzbar.
Aber für die, die sich in sich
selbst gefunden haben,
ergibt jedes dieser Worte einen Sinn.
Für die jedoch, die danach leben,
hat diese tolle Idee tief reichende Wurzeln.

Ich habe bloß drei Dinge zu lehren:
Einfachheit, Nachsicht und Mitgefühl.
Diese drei sind besten Werkzeuge:
Sei einfach im Denken und Handeln,
und Du kehrst zur Quelle des Seins zurück.
Sei nachsichtig gegenüber
Feinden wie Freunden,
und Du stimmst mit der
Natur aller Dinge überein.
Sei mitfühlend gegenüber Dir selbst
und allen anderen Lebewesen,
und Du bringst alle Wesen
auf der Welt in Einklang.

Der beste Athlet möchte,
daß sein Gegner in Bestform ist.
Der beste General
versetzt sich in seinen Feind hinein.
Der beste Geschäftsmann
dient dem allgemeinen Wohl.
Der beste Führer
folgt dem Willen seines Volkes.

Sie alle haben den Sinn
des Nichtstreitens verstanden.
Nicht daß sie Auseinandersetzungen
scheuen würden,
doch sie setzen sich mit den Dingen
spielerisch auseinander.
Darin gleichen sie Kindern,
und harmonisieren mit dem Universum.

Gute Generäle folgen einer Richtlinie:
Statt den ersten Schritt zu tun,
sollte man lieber abwarten.
Statt ein paar Zentimeter vorzurücken,
sollte man lieber einen Meter zurückweichen.

Das nennt man:
Vorwärts kommen
ohne vorzurücken,
sich wehren,
ohne dabei Waffen zu gebrauchen.

Es gibt kein größeres Unglück,
als seinen Gegner zu unterschätzen.
Den Gegner zu unterschätzen bedeutet,
ihn für böse zu halten.
So mißbrauchst Du Deine
drei Werkzeuge,
und wirst zu Deinem eigenen Feind.

Wenn zwei Parteien streiten,
wird immer die gewinnen,
die nachgeben kann.
Die andere wird brechen.

Diese Lehren hier sind leicht zu verstehen,
und leicht in die Praxis umzusetzen.
Unser Verstand wird sie niemals begreifen,
und wer sich bemüht, sie anzuwenden,
wird kläglich scheitern.

Diese Lehren sind älter als die Welt.
Deswegen können wir sie nicht begreifen,
und wir brauchen es auch nicht.

Willst Du alles kennen lernen,
schau in Dein Herz hinein,
und lebe so wie Du allein
es für richtig befindest.

So wird der Weg zum Ziel,
Du lernst es anzuwenden,
indem Du es anwendest.
Es ist noch kein Meister vom Himmel gefallen.

Eigene Erfahrungen sind wahres Wissen.
Zu glauben, etwas zu wissen, das man
vom Hören-Sagen kennt,
so wie das was wir aus den Medien
und Schulbüchern lernen,
ist wie eine Krankheit:
Sehr ungesundes Verhalten.
Sieh zunächst ein, daß Du Dich
ungesund verhältst;
dann bist Du auf dem Weg zur
Gesundheit.

Ein freier Mensch ist
sein eigener Arzt.
Er hat sich von allem falschen
Wissen kuriert.
Folglich ist er wahrhaft heil.

Verlieren Menschen ihre Ehrfurcht,
wenden sie sich den Religionen zu.
Vertrauen sie sich selbst nicht mehr,
nehmen sie fremde Autoritäten an.

Daher tun freie Menschen was sie können,
um die anderen nicht zu verwirren.
Sie lehren ohne Lehre,
damit die Menschen nichts lernen brauchen.

Sie sind einfach im Einklang mit
dem Universum,
und leben einfach vor.
Vollständig sie selbst,
und vollständig alles andere.

Das Universum ruht immer
in sich selbst.
Es bezwingt, ohne zu kämpfen,
antwortet, ohne ein Wort zu brauchen,
erscheint, ohne daß man es rufen müsste,
vollbringt ohne zu planen.

Sein Netz umspannt den gesamten Kosmos.
Und obwohl es grobmaschig ist
schlüpft nichts hindurch.

Akzeptierst Du, daß alles sich
in stetigem Wandel befindet,
wird es Dir leichter fallen,
die Dinge los zu lassen.

**Hast Du keine Angst vor dem Sterben,
dann gibt es nichts,
was Du nicht erreichen kannst.**

Der Versuch die Zukunft zu kontrollieren,
selbst die eigene,
gleicht dem Versuch, den
Zimmermann zu ersetzen
wenn man selbst gelernter Bäcker ist.

Hast Du keine Ahnung von
sachgemäßem Umgang mit
den Werkzeugen des Zimmermanns,
wird es nicht lange dauern,
bis Blut fließt.

Sind die Steuern zu hoch,
hungern die Menschen.
Mischt die Regierung sich zu viel ein,
verlieren sie den Mut.

Wirke im Interesse der Menschen:
Vertrau auf ihre göttliche Herkunft;
lass sie in Frieden leben.

So umgibst Du Dich mit
friedlichen Menschen,
die Dich in Frieden leben lassen.
So schließt sich der Kreis.

Die Menschen und Tiere
kommen weich und geschmeidig zur Welt;
tot sind sie steif und starr.
Die Pflanzen kommen zart
und biegsam zur Welt;
tot sind sie spröde und dürr.

Demnach gilt:
Wer steif und starr ist,
ist ein Schüler des Todes.
Wer weich ist, und nachgiebig,
ist ein Schüler des Lebens.

Das Starre und Steife wird brechen.
Das Weiche und geschmeidige
kann sich an alles anpassen.

Das Universum wirkt auf den Kosmos,
wie man einen Bogen spannt:
Das Oben zieht es nach unten,
das Unten biegt es nach oben.
Es gleicht Überfluss und Mangel aus,
so daß vollkommenes Gleichgewicht herrscht.
Es nimmt von dem was zu viel ist,
und gibt, wo zu wenig ist.

Wer Kontrolle auszuüben versucht,
und Gewalt anwendet, um seine Macht zu
erhalten,
handelt gegen das Universum.
Er nimmt von denen, die zu wenig haben
und gibt denen die zu viel haben.

Freie Menschen können ausdauernd geben,
weil ihr Reichtum nie versiegt.
Sie handeln ohne Erwartungen,
Absichts-los,
haben Erfolg ohne auf Anerkennung
angewiesen zu sein.
**Und sie halten sich nicht
für etwas Besseres als andere.**

Nichts auf dieser Welt ist so weich
und so nachgiebig wie das Wasser.
Doch zum Auflösen des Harten und
Unbeweglichen
ist nichts besser geeignet.

Das Weiche überwindet das Harte,
das Sanfte überwindet das Starre.
Jeder weiß daß das zutrifft,
aber nur wenige können danach handeln.

Daher bleiben freie Menschen
gelassen, auch mitten im Leid.
Unheil kann in ihr Herz nicht eindringen.
Weil sie das Helfen-Wollen aufgegeben haben,
sind sie für ihr Umfeld die größte Hilfe.

Wahre Worte scheinen paradox zu sein.
Doch nichts ist wie es scheint.
Wir sehen immer nur die Hülle,
können aber mit Interesse den Inhalt
erkennen.

Versagen ist unangenehm.
Gibst Du jemand anderem die Schuld,
wird das Beschuldigen kein Ende nehmen.

Daher erfüllen freie Menschen
ihre eigenen Richtlinien
und berichtigen ihre eigenen Fehler.
Sie machen ihr Ding
und verlangen nichts von anderen.

Wird ein Land weise regiert,
sind seine Einwohner zufrieden.
Sie genießen die Wirkung ihres Handelns,
ihrer eigenen Hände Arbeit,
und vergeuden die Zeit nicht mit dem Erfinden
arbeitssparender Maschinen.

Da sie ihr Zuhause innig lieben,
ist das Reisen nicht so interessant für sie.
Will doch jemand reisen, so wird es
keine Hindernisse geben, das zu tun.
Es gibt vielleicht ein Waffenarsenal,
doch es verstaubt ungenutzt.

Die Menschen genießen ihr Essen,
leben glücklich im Verband ihrer
Familien und Nachbarn.

Mit den Nachbarn bestellen sie ihre Gärten,
aus denen sie ihre Nahrung gewinnen.
In einem solch geführten Land ist es so schön,
daß seine Einwohner die Hunde
des Nachbarlandes bellen, und seine
Hähne krähen hören,
aber an Altersschwäche sterben,
ohne sich je weiter dafür interessiert zu haben.

Wahre Worte sind nicht geplant.
Geplante Worte nicht wahr.
Wer frei ist, hat es nicht nötig,
seine Absichten darzulegen,
wer es nötig hat,
seine Absichten darzulegen
ist nicht frei.

**Freie Menschen
wollen nichts besitzen,
folglich besitzen sie nichts.
Je mehr sie für andere tun,
desto glücklicher sind sie.
Je mehr sie anderen geben,
desto reicher sind sie.**

Das Universum nährt,
indem es nichts erzwingt.
Ein freier Mensch lebt,
indem er über niemanden herrscht.

"Empfinde Dich selbst als ein

GÖTTLICHES WESEN

denn ohne Zweifel bist Du eins"
(Manuel, Seite 30)

2020
DIE NEUE ERDE
EIN ERLEBNISBERICHT

www.2020-die-neue-erde.de

„2020 – Die Neue Erde"
von Jesus Urlauber (Bauchi)

Dies ist die unglaubliche Geschichte von Nathan, der eines schönen Sommertages in der Welt von 2020 landet.
Dieses Buch liefert Eindrücke und Inspirationen, und gibt dem Leser die Möglichkeit in die Hand, sich aktiv an der Gestaltung einer neuen Erde zu beteiligen.

Doch Nathan trifft auf seiner Reise nicht nur völlig reale Menschen aus dem Jahre 2020, sondern findet eine neue Wahrnehmungsform, und über all das sich selbst.

Anschnallen und festhalten.

JETZT gehts los!

2020 - DIE NEUE ERDE
(Bauchi), Jesus Urlauber

Paperback
168 Seiten
ISBN 978-3-7386-3338-2
Verlag: Books on Demand

€ 20,20
inkl. MwSt.

präsentiert von
WIRKarte.de